AF247174

A. M. D. G.

SAINT IGNACE

PAR

LE P. MARIN DE BOYLESVE, S. J.

PARIS

RENÉ HATON, LIBRAIRE

35, RUE BONAPARTE, 35

SAINT IGNACE

PAR

LE P. MARIN DE BOYLESVE, S. J.

PARIS

RENÉ HATON, LIBRAIRE

35, RUE BONAPARTE, 35

1885

SAINT IGNACE

D'UN mot Dieu pourrait réduire ses ennemis à l'impuissance; d'un souffle il pourrait renverser tous les oppresseurs de son peuple, tous les persécuteurs de son Église. Mais il se plaît à partager sa gloire avec les siens. Dès qu'il s'élève un adversaire contre ses desseins, au lieu de l'abattre d'un seul coup, il laisse à ses amis l'honneur du combat et du triomphe.

Lucifer a refusé d'adorer d'avance le Verbe fait chair et se dressant de toute sa hauteur, il s'est écrié: Je serai semblable au Très-Haut! Michel répond: Qui est semblable à Dieu? *Quis ut Deus?* Et entre les anges rebelles et les anges fidèles s'engage un grand combat. Ce combat dure encore, mais il ne sert qu'à multiplier les victoires de Michel et de sa glorieuse milice.

La femme a été vaincue par le serpent: une femme écrasera la tête du serpent.

Toute chair a corrompu ses voies: le juste Noé bâtira l'arche qui, en le sauvant lui et sa petite famille, sauvera le genre humain.

« Tout est Dieu, sur la terre, excepté Dieu lui-même: » Abraham par sa foi sera le père des croyants et en lui toutes les nations seront bénies.

Pharaon a juré d'exterminer le peuple de Dieu: Moïse paraît et par sa verge il brise Pharaon et délivre Israël.

Chaque fois qu'un ennemi nouveau se lève contre son peuple, Dieu suscite un nouveau libérateur: tels les Gédéon, les Jephté, les Samson.

Goliath fait trembler Israël: David s'avance avec sa fronde et renverse le géant.

Aux rois impies d'Israël et de Juda Dieu oppose les prophètes: les Élie, les Élisée, les Isaïe, les Jérémie.

La fureur des Antiochus se brise contre l'héroïsme des Machabées.

Enfin, voici Jésus-Christ en personne.

A cette agence infernale qui s'appelle le monde, Jésus oppose l'Église.

A la violence des princes du monde, l'Église oppose la patience des martyrs.

A chaque hérésie nouvelle répond un docteur

nouveau. Arius rencontre Athanase et Hilaire, Basile et Grégoire de Nazianze.

Manès, Pélage, Donat tombent sous les coups d'Augustin, Nestorius sous les anathèmes de Cyrille, Eutychès sous les foudres de Léon-le-Grand.

Le barbare s'est élancé: Léon-le-Grand s'avance, Attila recule.

Ces guerriers farouches ne comprennent et n'estiment que la force du corps: Benoît, par la prière et par le travail, domptera ces natures féroces et en fera des hommes, des chrétiens, des saints.

Grégoire-le-Grand les soumettra aux lois de l'ordre et de l'harmonie.

Enfin, par ses lois plus encore que par ses armes, Charlemagne assure l'empire du Roi des rois.

Après avoir purgé la terre de la corruption romaine, la barbarie devient la civilisation chrétienne.

La liberté de l'Église et la dignité du sacerdoce sont menacées par les prétentions des césars et des légistes: Grégoire VII défendra les droits et réformera les mœurs.

Encore un peu! l'Asie en verra passer l'Évangile: les chevaliers chrétiens se croisent et courent sus les enfants de Mahomet.

L'ignorance et la corruption envahissent toutes les classes de la société. Dominique et François se lèvent. Et tandis que les Frères Prêcheurs et l'Ange de l'École illuminent les esprits, les Frères Mineurs, par l'austère pauvreté de leur vie, purifient et embrasent les cœurs.

Coup sur coup trois sinistres éclairs ont sillonné la nue : Wiclef, Jean Huss, Luther.

Les peuples et les rois ont frémi, une immense protestation a retenti contre le Vicaire de Jésus-Christ.

Du haut des cieux, Dieu regarde. Son œil semble chercher, et ses lèvres semblent dire : Qui enverrai-je ? qui se lèvera pour notre service ? *Quem mittam et quis ibit nobis ?*

Voyez-vous sur ces remparts écroulés ce jeune héros qui s'obstine à défendre les ruines d'une place démantelée ? Tant qu'Ignace de Loyola sera debout, Pampelune ne se rendra pas.

Mais un boulet part et renverse le guerrier. Terrassé comme saint Paul, puis guéri par saint Pierre, mais condamné à une longue convalescence, l'impatient jeune homme, pour charmer les ennuis d'un loisir forcé, demande un roman de chevalerie.

Par un hasard que la Providence a ménagé,

dans le château de Loyola on ne put trouver alors que la vie de Jésus-Christ et celle des saints.

Faute de mieux le chevalier se met à lire. Surpris d'abord, puis ravi d'un genre d'héroïsme et de grandeur qu'il ne soupçonnait pas, Ignace, comme autrefois Augustin, s'écrie : Quoi ! ce que ceux-ci et celles-là ont pu faire, je ne le pourrais pas ?

Et alors dans cette âme qui jusque-là n'a rêvé que la gloire il s'engage un combat plus terrible que celui de Pampelune. Tantôt le jeune héros se voit encore sur son cheval de guerre, au fort de la mêlée, abattant les ennemis, puis salué par ses soldats, acclamé par les peuples, exalté par les rois, laissant à la postérité un nom qui le dispute à ceux du Cid et d'un Gonzalve de Cordoue.

Mais ces brillantes rêveries ne laissent dans son cœur qu'un vide, un trouble, un ennui désolant.

Revenant au souvenir des saints, tantôt il admire les Paul ermite, les Antoine, les Benoît trouvant dans la solitude, dans la pénitence et la prière un avant-goût du ciel. Il reconnaît que, par le mépris du monde et de ses honneurs, l'âme s'élève au-dessus de toutes les gloires et de toutes les grandeurs d'ici-bas.

Tantôt il se plaît à suivre un Paul apôtre, un François d'Assise, un Dominique, un Vincent Ferrier parcourant les campagnes et les villes pour prêcher Jésus-Christ et pour y arborer la croix. À cette vue il lui semble que les conquêtes apostoliques sont plus nobles et plus glorieuses que toutes les conquêtes guerrières des Alexandre et des César.

Or ces souvenirs si opposés aux rêves de la gloire humaine ramènent dans son âme la paix, le calme, la force, la liberté.

La lutte fut longue. Mais enfin vainqueur du monde avec le secours de Marie qu'il invoquait sans cesse, Ignace a pris son parti. Il quitte le château de ses pères. Après une veillée d'armes devant la Vierge de Montserrat, il suspend son épée à la muraille du sanctuaire béni, puis, revêtant les livrées de la pauvreté, le nouveau chevalier de Marie s'enfonce dans la solitude de Manrèze.

Ignace à Manrèze.

La solitude est la mère des grandes pensées. Dès qu'Ignace se trouva seul en présence de lui-même et de Dieu, la lumière se fit dans son âme, il prit ses tablettes et il écrivit :

L'homme a été créé pour louer Dieu, pour l'honorer, pour le servir et par là sauver son âme.

Le reste a été créé pour l'homme, pour l'aider à louer Dieu et à se sauver lui-même.

Qu'importe donc les biens et les maux d'ici-bas?

Tout ce qui mène à Dieu est bon : quand ce serait la pauvreté, la douleur, l'opprobre.

Tout ce qui éloigne de Dieu est mauvais quand ce serait l'opulence, le plaisir, la gloire.

Le mal, le souverain mal, l'unique mal, c'est le péché.

Le péché a précipité l'ange du haut des cieux ; le péché a chassé l'homme du paradis terrestre ; le péché a crucifié l'Homme-Dieu ; le péché a engendré la mort et creusé l'enfer.

Saisi d'effroi, Ignace contemplait ces feux éternels qui brûlent le pécheur sans le consumer, lorsqu'il entendit une voix qui l'appelait : Mon dessein, disait cette voix, est de conquérir le monde par mes [illegible], et si tu me suis dans la gloire de mon Père [illegible] que tu as combattu, tu me suivras dans la victoire.

À ces mots le héros de Pampelune sentit se réveiller son ardeur guerrière : Quoi ! s'est-il écrié, pour un roi de la terre [illegible] la [illegible] et la mort, et je serais sourd à l'appel du Roi du ciel ! Créé par vous, ô Verbe éternel ; racheté par vous d'[illegible] entre que j'ai mérité, ô Verbe incarné, me voici, mon Seigneur [illegible] mon Roi.

me voici, mon Sauveur et mon Jésus, me voici, envoyez-moi : Que voulez-vous que je fasse ? *Ecce ego mitte me.* Isaïe : *Domine, quid faciam ?* Paul.

Un grand spectacle s'offre alors aux regards du chevalier. Le monde lui apparaît comme un vaste champ de bataille. Deux étendards flottaient sur deux cités rivales. L'une s'appelait Babylone et son chef, ennemi capital de l'homme, se nommait Lucifer. Jérusalem était l'autre cité. Là, l'on a reconnu le Roi universel des élus, le Roi Jésus.

Entre ces deux cités, entre ces deux champs, entre ces deux étendards, entre ces deux chefs il n'est pas de milieu.

Celui qui n'est pas avec l'un est avec l'autre. Celui qui ne combat pas avec Jésus combat contre Jésus. Celui qui avec Jésus ne combat pas combat, lui aussi, et il fait des méchants, par le fait même, combat avec Lucifer le Méchant.

Sur l'étendard de Lucifer Ignace a lu trois mots : Richesses, honneurs, orgueil.

Satan aspire à devenir semblable à Dieu. Il a inscrit sur son étendard la devise de la Révolution, celui du libéralisme : Je ne servirai pas, *non serviam.*

Sur l'étendard de Jésus Ignace a lu aussi trois mots : Pauvreté, abjection, humilité.

C'est Jésus fait obéissant jusqu'à la mort et jusqu'à la mort de la croix. *Factus obediens usque ad mortem, mortem autem crucis.* C'est la contradiction formelle de la devise infernale.

A cette vue le solitaire de Manrèze n'hésite pas, il écrit sur ses tablettes :

Plutôt tout perdre et tout souffrir que de me séparer de mon Roi, de mon Dieu, de mon Jésus, par le péché mortel.

Cette résolution suffit pour le salut. Aux yeux d'Ignace ce n'est pas assez. Il écrit encore :

Plutôt tout perdre et tout souffrir que de m'éloigner un instant de mon Jésus par le péché véniel.

Et ce n'est pas encore assez.

Plutôt la pauvreté avec Jésus pauvre, plutôt les opprobres avec Jésus, rassasié d'opprobres, que l'opulence et les honneurs.

Durum ! C'est dur ! La croix est cruelle, la croix est infâme. Mais aux souffrances et aux humiliations de la croix succèdent les délices et les gloires de la résurrection ; en face du Calvaire s'élève le mont des Oliviers.

Après avoir suivi Jésus dans sa vie, dans sa

passion, dans sa résurrection. Ignace a compris que l'amour ne consiste pas seulement dans les sentiments et dans les paroles, mais qu'il se montre surtout par les œuvres : *Amor ab operibus.*

Nouveau Moïse, il sort du désert : sa verge sera la croix : avec cette arme il combattra Pharaon, le prince du monde, il délivrera Israël.

Ignace à l'école.

Mais ses premiers essais lui ont fait reconnaître la nécessité des lettres et des sciences, pour exercer l'apostolat. Il ira donc ce noble chevalier, ce guerrier que nous avons vu si fier sur le rempart de Pampelune, il ira s'asseoir à trente-trois ans sur les bancs de l'école, confondu avec les petits enfants qui sourient de son âge et de son ignorance.

Cependant, et tout en se préparant lui-même par l'étude, il poursuivait son dessein. Dans ses plans il embrasse le monde entier. Il lui faut donc des compagnons.

La catholique Espagne a donné le chef de la milice nouvelle, mais c'est au sein de la France très-chrétienne que se fera la première levée des soldats de l'armée naissante.

Fameuse alors parce que, comme la France elle-même, elle était très-chrétienne, l'Université de Paris, ... européenne.

Ignace y vint compléter ses études. Il ... étudiant il cherchait des associés.

Quel est ce jeune homme ... ... dans ... la vie ... font ... Tous ... ... sur les ... ... Fier ... ... et ... ardent, génie ... intelligent. Xavier, c'est le nom de ce jeune homme. Xavier a renoncé à la gloire militaire qu'à pour chercher dans les hautes sphères de la ... une gloire plus solide et plus réelle.

Ah! Ignace, s'il vous était donné de vous associer ce jeune homme, tous deux vous vous partageriez le monde.

Mais Xavier ... ... qu'à ... un grand nom.

Cependant Ignace l'aborde: « Xavier, lui dit-il, Dieu vous a donné d'être beau ... sublime génie, vos nombreux disciples admirent vos leçons, la postérité admirera vos œuvres.

Xavier écoutait. Ignace poursuit: « Mais que sert à l'homme de gagner le monde entier, s'il vient à perdre son âme? *Quid prodest homini si mundum universum lucretur, animae vero suae detrimentum patiatur!* »

Ignace se retire. La semence est tombée dans l'âme de Xavier.

Un autre jour Ignace reparut. Xavier. Dieu vous a doué d'un grand et noble cœur. Avec cette volonté puissante, avec ce caractère résolu vous ferez de grandes choses. Votre nom étonnera les âges à venir.

Xavier frémissait. Ignace reprend : Mais que sert à l'homme de gagner le monde entier s'il vient à perdre son âme ? *Quid prodest*

Le trait s'enfonce et pénètre jusqu'au plus intime de la grande âme de Xavier.

Vaincu enfin, terrassé par le foudroyant *Quid prodest* ? Xavier tombe aux pieds de Loyola.

Ignace, Xavier est à vous ! Ignace, vous avez conquis à Jésus-Christ les Indes, le Japon et la Chine.

Transportons-nous sur le flanc du mont des Martyrs, sur le flanc de Montmartre. Là dans une crypte modeste sept hommes, jeunes encore, se sont réunis. L'un des sept, le seul qui soit prêtre, célèbre la messe. Au moment de la communion le plus âgé prononce un serment. Il s'engage par vœu à la pauvreté, à la chasteté, à l'obéissance spécialement à l'égard du Vicaire de Jésus-Christ. Les six autres redisent cet engagement.

Ces sept hommes se nommaient Ignace de Loyola, Pierre Lefèvre, François Xavier, Nicolas Bobadilla, Jacques Laynez, Alphonse Salmeron, Simon Rodriguez.

La Compagnie de Jésus venait de naître dans l'église de Notre-Dame de Montmartre. C'était au jour de l'Assomption de la Vierge Marie, le 15 août 1534.

La France très-chrétienne a donc vu naître l'enfant dont l'Espagne catholique a donné le père.

L'âme remplie du souvenir des croisades ou plutôt de l'Évangile et des Exercices spirituels qui lui ont été inspirés à Manrèze, Ignace voit l'étendard de Jésus-Christ, la croix, arborée sur les tours de Jérusalem. A ses yeux, là est le centre de la bataille, là doit être le rendez-vous et le camp de la Compagnie.

Bientôt il saura que désormais la vraie Jérusalem, la cité sainte, c'est Rome. Ce sera donc à Rome, ce sera aux pieds du Vicaire de Jésus-Christ qu'il donnera rendez-vous à la nouvelle armée.

Lui-même il ira le premier dans la ville éternelle. Il approchait. Sur sa route il rencontre une chapelle solitaire. Il y entre pour implorer le secours divin sur son entreprise.

Jésus lui apparaît chargé de sa croix et ne lu

dit que ces mots : Je te serai propice à Rome, *Romæ tibi propitius ero.*

Pour la Compagnie nouvelle, comme jadis pour Constantin, la croix sera l'étendard et le signe de la victoire.

Rassuré par cette vision, prévoyant les contradictions, mais entrevoyant le succès, Ignace entre à Rome.

Il s'est prosterné aux pieds du Vicaire de Jésus-Christ : il a obtenu pour son œuvre la bénédiction du pontife. Il s'est relevé plein de confiance.

Ses compagnons l'entourent.

De Rome, centre de l'Église, et à ce point de vue, centre du monde, il regarde.

Il regarde le nord, il regarde l'orient, il regarde le midi, il regarde l'occident.

Au nord, l'hérésie domine triomphante.

A l'orient, le schisme et le Coran ont dégradé les régions que le christianisme avait rendues jadis si florissantes.

Au delà, les immenses contrées de l'extrême-orient sont aux pieds des Lamas, des Brames et des Bonzes.

Au sud, Mahomet règne sur les côtes africaines.

Les indigènes, sous le coup de la malédiction de Cham, croupissent dans un fétichisme grossier.

À l'occident, un monde nouveau, découvert par le génie audacieux de Christophe Colomb, s'ouvre au zèle des apôtres de l'Église. Errants dans leurs forêts, les sauvages des Amériques n'attendent qu'une parole pour se ranger sous la croix de Jésus-Christ.

Ignace alors ramène son regard sur sa petite Compagnie. Son cœur se dilate, son front s'épanouit, son œil s'illumine. Allez, s'est-il écrié, allez, embrasez tout. *Ite, incendite omnia.*

Mais que de choses à faire! Ici, les catholiques à soutenir dans la foi et à ramener à la vertu.

Là, l'hérésie dont il faut arrêter puis refouler le flot envahisseur.

Au delà, des millions et des millions d'infidèles qu'il s'agit d'évangéliser et de soumettre à la croix.

Ignace a tout prévu, et dans ses plans il embrasse tout.

Et d'abord les catholiques.

L'œuvre première et principale qu'Ignace recommande à sa Compagnie sera la doctrine chrétienne sous sa forme la plus simple, la plus catholique, qui est le catéchisme.

Après les derniers vœux tout jésuite, et à son entrée en charge tout supérieur devra ouvrir la carrière par quarante jours de catéchisme continus ou interrompus.

Les docteurs, les prédicateurs, les missionnaires les plus célèbres et les plus saints de la Compagnie seront en même temps des catéchistes. Tels Xavier aux Indes, Edmond Auger en France, Pierre Canisius en Allemagne, le cardinal Bellarmin en Italie, Ripalda en Espagne.

Aux yeux d'un critique célèbre, le plus grand orateur que la Compagnie ait produit en France ne serait qu'un catéchiste. Bourdaloue assurément ne fut pas un simple catéchiste. S'il en eut la clarté et la solidité, il eut aussi la profondeur du théologien consommé, le raisonnement du logicien le plus invincible, le mouvement de l'orateur le plus entraînant. Mais, reconnaissons-le avec La Harpe, qui du reste s'est repris et s'est corrigé lui-même, Bourdaloue fut en effet un catéchiste, mais un catéchiste éminent, complet. Ce titre le place à la tête des prédicateurs.

Ignace, ces flots de lumière répandus sur les nations par la parole et par la plume de vos catéchistes ont jailli de votre cœur, et ils y retournent comme les fleuves retournent à l'océan : *Omnia flumina intrant in mare.* Ignace, êtes-vous content ? — Oui, répond Ignace, mais cela ne suffit pas. *Omnia flumina intrant in mare, sed mare non redundat.*

Ce n'est pas assez d'éclairer les ignorants par l'exposition de la doctrine chrétienne, il faut encore défendre la foi contre les attaques de l'hérésie et du sophisme ; il faut former des hommes capables de défendre la religion par la parole et par la plume. Or pour former des orateurs et des écrivains capables de réfuter l'erreur et le sophisme, pour appliquer toutes les forces de la raison à l'explication des vérités de la foi, les lettres et les sciences sont nécessaires.

Ignace l'a compris. Par son ordre la Compagnie enveloppe le monde par ses collèges, comme dans un vaste réseau destiné à retirer la jeunesse de cet océan d'erreurs dans lequel l'hérésie et l'impiété cherchent à la perdre.

Ignace, ces collèges sont votre ouvrage. C'est à vous que tant de générations devront la faveur d'une éducation chrétienne et savante ; à vous l'honneur et la reconnaissance ! *Omnia flumina intrant in mare,* mais vos vœux si l'impiété n'est pas encore assez, et son cœur ne déborde pas plus que l'océan après avoir reçu les fleuves : *Omnia flumina intrant in mare, sed mare non redundat.*

Non, il ne suffit pas d'instruire l'enfance et de former la jeunesse. Voyez ces milliers d'hommes faits qui ont oublié ce qu'ils avaient appris, ou qui indifférents pour tout ce qui concerne la gloire de Dieu et le salut de leur âme, ne songent qu'aux plaisirs ou aux affaires.

Ignace a parlé. Aux collèges s'ajoutent les résidences d'où rayonnent sur les villes et sur les campagnes des légions d'infatigables missionnaires. Nommons seulement les François Régis, les François de Hiéronymo, les Julien Maunoir, les Paul Segneri, les Larazza, et tant d'autres.

Ignace, c'est à vous que des milliers de pécheurs devront leur conversion et leur salut. Ignace, est-ce assez ? *Omnia flumina intrant in mare, et mare non redundat.*

Ces enfants que vous avez catéchisés, ces jeunes gens que vous avez instruits dans vos collèges, ces pécheurs que vous avez convertis dans vos missions, maintenez-les, conservez-les dans la foi et dans la vertu, assurez leur persévérance.

Et rempli de l'esprit de son bienheureux Père, Canisius forme en Allemagne de pieuses ligues qui bientôt, sous le nom de Congrégations de la Sainte Vierge, grâce à l'exemple du jeune professeur Jean Van der Leeuw, se répandront des collèges dans les villes pour enrôler toutes les classes de la société sous la bannière de Marie et pour affermir les jeunes gens et les hommes faits dans la foi et dans la vertu.

Inspirées de votre esprit et calquées sur votre institut, ô Ignace, ces congrégations procèdent de votre cœur : c'est donc à vous que ces milliers d'âmes fidèles doivent leur persévérance et leur ferveur. *Omnia flumina intrant in mare.* Est-ce assez ? Pas encore : *Omnia flumina intrant in mare et mare non redundat.*

Ignace tenait en main un petit livre, le livre des Exercices spirituels, celui qui, aux yeux de saint Charles Borromée, valait toute une bibliothèque, ce livre qui, à entendre saint François de Sales, a converti plus d'âmes qu'il ne renferme de lettres.

Armée de ce livre la Compagnie transforme en apôtres tous les hommes : elle arme les prêtres, les religieux, les simples fidèles mêmes.

Ignace, ce livre est votre ouvrage, ou du moins c'est à vous que Marie l'a dicté : à vous donc, après Marie, l'honneur des merveilles opérées par la pratique des Exercices spirituels.

Omnia flumina intrant in mare. Mais le cœur

d'Ignace ne déborde jamais, toujours il dit : *Plus ultra. Et mare non redundat.*

Le catéchiste, le prédicateur, le professeur, l'instructeur ne peuvent pas atteindre tous les temps, tous les lieux. Pour retentir partout et toujours leur parole doit s'universaliser, s'éterniser par l'écriture et se multiplier par la presse.

Et la Compagnie s'est mise à l'œuvre. On ferait des bibliothèques immenses avec les seuls livres sortis de la plume de ses écrivains.

Ignace, ces volumes sans nombre vous les avez inspirés par votre esprit, vous les avez marqués de votre caractère. A vous l'honneur. *Omnia flumina intrant in mare.*

Et le cœur d'Ignace ne déborde pas : *Et mare non redundat.* Et que demandez-vous donc encore de vos enfants ?

Et Ignace arrêtait un doux regard sur les vétérans de sa Compagnie, sur ces vieillards cassés par les travaux plus encore que par les années. Heureux de ce regard qui les rappelle au combat, ces vénérables anciens ne veulent plus d'autre repos que le travail du confessionnal, que l'œuvre des retraites, ou la composition de livres pieux ou savants.

Pour un fils d'Ignace il n'est de repos que sur la croix, sur le lit de douleurs et au ciel.

Catéchisme, éducation de la jeunesse, pré-

dication, congrégations, exercices spirituels,
livres, confessions, autant de fleuves qui sortis
du cœur d'Ignace comme d'un océan de charité
y retournent sans cesse. Ainsi les fleuves de la
terre tirant leurs eaux de l'océan ne cessent
d'y rentrer pour en repartir encore et pour
reprendre leur cours. *Omnia flumina intrant in
mare.* Et la mer ne déborde pas. *Et mare non
redundat : ad locum, unde exeunt flumina rever-
tuntur ut iterum fluant.* Eccle., 1, 7.

Ignace que désirez-vous encore ?

Courage, enfants, répond le général, confiance, petite Compagnie, vous n'avez encore
accompli que le tiers du programme. Il ne
suffit pas de soutenir la foi des chrétiens et de
réformer leur vie : restent encore et l'hérésie
dont vous devez les préserver, en même temps
que vous devez ramener les hérétiques eux-
mêmes à la foi et à l'Église, et les nations infidèles que vous devez conquérir à Jésus-Christ.

Et d'abord l'hérésie. Le flot monte et monte
encore. Je ne parle plus de l'époque où parut
saint Ignace. Aujourd'hui même, en ce siècle,
regardez et voyez. Commencée par Luther,
continuée par Voltaire, la Révolution, dont la
réforme protestante ne fut que le signal et le
coup d'essai, la Révolution se dresse de plus
en plus menaçante.

Contre cette puissance nouvelle qu'a fait saint Ignace ?

Ce qu'il a fait ? — Sa Compagnie.

Qu'est le protestantisme ? Une hérésie ? Oui et plus que cela. Un schisme ? Oui et plus que cela. Par le libre examen le protestantisme est le principe de toutes les hérésies ; par son nom seul, le protestantisme est la protestation contre l'autorité de l'Église, et le principe de tous les schismes. Le protestantisme est la révolution, ce qui veut dire le renversement et la négation de tout principe et de tout dogme, de toute autorité et de toute liberté, de toute société religieuse, civile et domestique, c'est la servitude universelle et totale sous la tyrannie du nombre et de la force brutale, c'est la souveraineté du peuple, c'est chaque homme se proclamant son propre maître, son propre roi, son propre prêtre, son propre Dieu, et s'écriant avec Pharaon : Quel est le Seigneur ? qui est le maître ? Je ne connais pas de maître, *Quis est Dominus ? Nescio Dominum.*

À cette universelle souveraineté, qui n'est que la servitude universelle sous le nom menteur de liberté, Ignace oppose qu'une chose : son Institut, sa Compagnie fondée sur l'obéissance, mais l'obéissance à Dieu et à Dieu seul représenté dans la personne du supérieur, et

principalement dans la personne du Vicaire de
Jésus-Christ.

En d'autres termes, le protestantisme devait
aboutir à ce qu'on appelle aujourd'hui le rationalisme et le libéralisme : Le rationalisme,
indépendance de la raison rejetant toute autorité doctrinale; le libéralisme, indépendance
de la volonté rejetant toute autorité sociale :
Liberté de toutes les opinions, et par suite de
toutes les erreurs : liberté de toutes les passions,
et par suite de tous les vices et de tous les cri-
mes.

Or l'Institut d'Ignace, la Compagnie de
Jésus est l'obéissance à Dieu, à Jésus-Christ,
au Vicaire de Jésus-Christ.

Obéissance doctrinale par la foi : la Compagnie fait profession de suivre et de défendre la
doctrine la plus commune dans l'Église, la
doctrine la plus universellement reçue et en-
seignée dans l'Église, en un mot la doctrine
la plus catholique, s'il est possible d'admettre
ici des degrés.

Obéissance pratique, obéissance d'action : la
Compagnie s'engage spécialement à obéir à
Dieu et à Jésus-Christ dans la personne de
son Vicaire, et chaque membre s'engage à
obéir au supérieur comme au représentant de
Jésus-Christ.

Ignace a voulu que cette obéissance fût comme la caractéristique de sa Compagnie.

C'est précisément le contrepied de la révolution protestante et libérale qui, si fière contre l'autorité des représentants de Dieu, se prosterne et rampe aux pieds de la souveraineté du nombre.

Orgueil insensé qui pour ne pas obéir à un seul, à Dieu, représenté dans la personne du prêtre, du prince, du père, se fait l'esclave de tous, l'esclave de la majorité, l'esclave de ce qu'il y a de plus vil dans l'ensemble du genre humain : *Stultorum numerus infinitus.*

Ignace fut plus fier : sa raison et sa liberté ne s'inclinent que devant Dieu, et pour s'incliner devant l'homme il faut que cet homme représente la majesté de Dieu.

Tel est l'esprit de son Institut, de sa Compagnie, esprit diamétralement opposé à l'esprit protestant et libéral.

Inutile donc d'énumérer les travaux des enfants d'Ignace contre le protestantisme. Inutile de nommer un Canisius, marteau de l'hérésie en Allemagne, ni Bellarmin et ses controverses si redoutées des protestants, des gallicans et des libéraux, et tant d'autres écrivains qui ont combattu et brisé les audaces des fils de Luther et de Calvin.

Inutile de rappeler les martyrs sans nombre de la fureur protestante, en Angleterre, en Allemagne et jusque sur les mers où en un seul jour quarante jésuites, sous la conduite du Bienheureux Ignace d'Azévédo, furent immolés par le calvinisme.

Quand il s'agit du protestantisme, et de son fils naturel le libéralisme, c'est la Compagnie entière qui se présente, c'est l'Institut même qui se dresse comme une digue contre le flot révolutionnaire de cette double hérésie.

Nommons seulement en passant et pour mémoire le Jansénisme, qui n'est au fond qu'une contrefaçon du protestantisme.

Créée pour combattre les nouvelles erreurs, le jour où la Compagnie garderait le silence, comme le chien muet qui n'ose pas signaler le voleur par ses aboiements, elle trahirait sa mission et n'aurait plus de raison d'être. Rassurez-vous : elle ne faillira pas plus dans l'avenir que dans le passé.

Reste le monde païen à convertir. On compte aujourd'hui sur la terre environ quatorze cent millions d'habitants. Les chrétiens, y compris les schismatiques et les hérétiques, dépassent à peine quatre cents millions. C'était autrefois la même proportion.

Sur un signe de son père, Xavier part, il se

ouvrir à ses frères la carrière des missions. C'est par mille et par cent mille que se comptent les infidèles gagnés à Jésus-Christ par cet infatigable courrier du grand Roi. Dix ans lui ont suffi pour rendre à l'Église, en Orient, plus d'âmes que Luther ne lui en a enlevées en Occident. Mais à ses yeux les Indes et le Japon sont trop étroits. Son plan embrasse le monde. Il évangélisera la Chine, puis ces régions peu connues qui s'étendent jusqu'à la Perse. Traversant la Perse, puis la Turquie, il prêchera Jésus-Christ aux enfants du faux prophète. Après avoir remplacé le Coran par l'Évangile, il attaquera le schisme grec qu'il poursuivra jusque dans les steppes de la Russie. De là redescendant vers Rome, il se mêlera en passant aux combats que ses frères livrent à l'hérésie dans les pays allemands. Il s'arrêtera dans l'université de Paris pour y prêcher la guerre sainte, et à la tête d'une légion nouvelle il ira se jeter aux pieds de son père, prêt à traverser les océans et à porter la foi aux sauvages errants dans les forêts des Amériques. On dirait que c'est pour lui que Vasco de Gama a doublé le cap des Tempêtes, et que Christophe Colomb a découvert un nouveau monde.

Mais Dieu l'arrête à Sancian. Xavier meurt aux portes de la Chine.

Il est mort : mais sur ses traces dix mille apôtres de la Compagnie se sont successivement élancés, et deux mille sont tombés martyrs.

Qu'ils sont beaux, ô Ignace, qu'ils sont agiles, qu'ils sont rapides les pieds de vos fils ! Aucun obstacle n'arrêtera leur élan. Ni les fleuves, ni les mers, ni les montagnes, ni les déserts, ni les glaces, ni les sables brûlants, ni la griffe du tigre, ni le venin du serpent, ni la dent du cannibale, ni la rage du corsaire hérétique, ni la faim, ni la soif, ni le froid, ni le chaud, rien n'étonne leur courage, rien ne déconcerte leur audace.

Détruisez cent fois leurs œuvres, cent fois ils recommenceront. Seule la mort sera le terme de leur course, mais pour un qui tombe dix se lèvent disant : Me voici, envoyez-moi. *Ecce ego, mitte me.*

Ignace a donc réalisé son plan : soutenir et ranimer les catholiques ; combattre et convertir les hérétiques ; évangéliser les infidèles et les conquérir à Jésus-Christ : tel était son triple dessein, tel est aujourd'hui encore le triple but que poursuit sa Compagnie.

Qu'il nous soit donc permis d'adresser à Ignace l'éloge que Jérôme adressait jadis au grand Augustin : Courage, Rome vous vénère, les catholiques vous acclament comme le conservateur de la foi ; et ce qui surtout vous honore, tous les hérétiques, tous les ennemis de l'Église vous détestent : *Et quod signum majoris est gloriæ, omnes hæretici detestantur.*

Les méchants, ajouterai-je avec saint Bernard, les méchants vous fuient, les bons vous recherchent, et il ne serait pas facile de dire lequel des deux prouve plus clairement votre sainteté, la faveur de ceux-ci ou la terreur de ceux-là. *Et mali fugitant et frequentant boni. Nec facile dixerim quid vitam æstimat sanctiorem, horum favor aut pavor illorum.* Serm. 2 de S. Victore.

Et maintenant il me semble qu'avant de couronner son soldat Jésus lui demande ce qu'il désire laisser à sa Compagnie comme souvenir et comme héritage. O Jésus, ô mon Roi, répond Ignace, donnez à votre Compagnie pour étendard votre croix, pour couronne vos épines, pour vêtement la robe blanche dont vous revêtit Hérode, et le lambeau de pourpre que les soldats jetèrent sur vos épaules ; ajoutez-y la robe de votre sang. Que vos faiblesses soient sa force, vos opprobres sa gloire ; qu'un jour, après avoir passé comme vous en faisant le bien, comme vous aussi, pour prix de ses services, elle soit sacrifiée, qu'elle meure pour votre Église, immolée, comme tous, de la main de son propre père.

Vos vœux, Ignace, ont été accomplis. Jamais la persécution ne fit défaut à votre Compagnie. Son nom même est devenu comme une injure.

Abraham a levé le glaive sur Isaac, et l'ange n'a point arrêté son bras. Jephté a immolé sa fille. Jonas a été jeté à la mer pour le salut de la barque de Pierre. En vain le Pontife résistait : Mais quel mal a-t-elle fait, la Compagnie de Jésus ? *Quid enim mali fecit ?* Les voix devenaient de plus en plus menaçantes, et le Pontife céda.

Mais Jésus a fait plus qu'Ignace n'avait demandé.

D'abord il a préparé un monstre, la Russie schismatique, et une amie de Voltaire, l'impératrice Catherine, pour recueillir Jonas au fond des eaux et pour le rapporter vivant lorsque la tempête de la Révolution serait apaisée.

Jésus voulait que l'existence de sa Compagnie fût jusqu'au bout une imitation de la sienne, et s'il a permis qu'elle fût ensevelie, c'est qu'il voulait qu'elle ressuscitât.

Dieu soit loué ! L'œuvre d'Ignace n'est pas achevée, sa Compagnie n'a pas encore terminé sa mission. Ce n'est pas sans de hautes et profondes raisons que Dieu a voulu qu'elle revînt à la vie. La haine de l'impiété démontre du reste que la nouvelle Compagnie est toujours l'ancienne, que les nouveaux fils d'Ignace n'ont pas dégénéré et qu'ils sont bien les frères de leurs aînés.

La Compagnie de Jésus a été instituée par Ignace, et son Institut lui a été inspiré, surtout pour combattre le protestantisme.

La Compagnie de Jésus a été rétablie, je ne dis pas exclusivement, mais spécialement, pour combattre le libéralisme, c'est-à-dire la Révolution.

Le protestantisme fut la révolte de l'esprit et de la chair, de la raison et des sens, de l'orgueil et de la volupté contre l'autorité et la loi divine, vivante et présente dans la personne du Vicaire de Jésus-Christ.

La Révolution est la révolte de l'esprit et de la chair, de la raison et des sens, de l'orgueil et de la volupté contre toute autorité, contre toute loi surnaturelle et naturelle, divine et humaine ; c'est la liberté sans l'autorité, sans la loi ; c'est la licence entière, absolue ; la Révolution, c'est le renversement complet et constant de toute autorité, de toute loi, de tout ce qui humilie l'orgueil et gêne la passion.

La Compagnie de Jésus par l'obéissance, et par l'obéissance jusqu'à la mort, et jusqu'à la mort de la croix, signe de l'opprobre et de la souffrance, ne cessera de combattre l'orgueil et la volupté, la licence, la liberté, le libertinage de l'esprit et de la chair... Le combat sera rude, mais la croix assure la victoire : *In hoc signo vinces*.

SAINT IGNACE

ET LA COMPAGNIE DE JÉSUS

Non, non, je ne servirai pas,
A dit une voix menaçante.
Venez, brisons le joug. En vain Rome impuissante
Redira désormais le refrain des combats :

Dieu ! quand il s'agit de ta gloire,
Nous voguerons contre les flots ;
La croix assure la victoire :
Courage, en avant, matelots.

Dieu, cependant, du haut des cieux
Laissait s'amasser le tonnerre
Et son regard semblait demander à la terre
Une voix qui redit le chant victorieux :
Dieu ! etc.

Quel est ce jeune et beau guerrier !
Le voyez-vous comme il s'avance
Le front haut, l'œil ardent ; comme il court et s'é-
lance,
Partout où le péril lui promet un laurier :
Dieu ! etc.

Pourquoi faut-il que ce grand cœur
Soit épris des gloires du monde :

Arrête, Ignace, entends la tempête qui gronde,
Et du souffle infernal va briser la fureur.
        Dieu ! etc.

        Regarde ces deux étendards :
        Deux chefs promettent la couronne :
Mais l'un règne à Sion, et l'autre à Babylone :
Ignace sur Jésus, arrête ses regards.
        Dieu ! etc.

        Son œil mesure l'univers,
        Son œil embrasse les deux mondes,
Par sa puissante voix, il plane sur les ondes :
Compagnons de Jésus, allez, couvrez les mers
        Dieu ! etc.

        Courage, rameurs vigoureux !
        Le pavillon de la nacelle
Sera toujours la croix : et vous, troupe fidèle,
Toujours vous redirez le refrain généreux :
        Dieu ! etc.

        Vogue, vogue, au nom de Jésus,
        Vogue, petite Compagnie !
Ne crains pas : Va toujours ; ton étoile est Marie :
Va par toutes les mers recueillir les élus.
        Dieu ! etc.

        Croisez ensemble vos drapeaux,
        Benoit, Guzman, François, Ignace

Le siècle contre vous a jeté la menace,
Unissez contre lui vos voix et vos travaux.

     Dieu ! etc.

La musique se trouve chez G RAFF, 1, *rue de Mézières, Paris.*

A. M. D. G.

Beauvais. — Typ. Père et Tardy.

Coup d'œil sur l'Homme, in-12.
Jésus-Christ, in-12.
Lucifer et Jésus-Christ, in-12.
L'Église, in-12. 2e édition.
Le Pape, in-12, 2e édition.
Les Papes, in-12, 2e édition.
Luttes de l'Église, 2 vol. in-12.
Réponses aux principales objections contre la
  puissance et l'infaillibilité du Pape, in-12.
L'Attaque et la Défense, in-12, n° 1 et 2.
Les grands Siècles et les grands Hommes, in-
  12, 3e éd.
L'Évangélisation des Gaules et saint Julien au
  Mans (Note à propos d'un mémoire sur, in-8°

<h2 style="text-align:center">IV. — PIÉTÉ</h2>

Les Exercices spirituels, in-18, par fascicules.
La vie publique de N. S. Jésus-Christ, d'après
  S. Matthieu, in-18.
Agenda du Chrétien, in-18, 4e édition.
Une pensée par jour, in-18, 11e édition.
Choix d'un état de vie, in-32, 3e édition.
La Religion du ciel et de la terre, in-12.
Le Cœur de Jésus d'après l'Évangile. — Mois
  du Sacré-Cœur, in-32, 3e édit.
La sainte Vierge d'après l'Évangile. — Mois de
  Marie, in-32, 3e édition.
Saint Joseph d'après l'Évangile. — Mois de
  saint Joseph, in-32, 10e mille.
Le Mois du Sacré Cœur de Jésus, crusade, in-
  32, 135e mille.
Le Mois du Précieux Sang, in-32, 3e édition.
Les Congrégations de la Sainte Vierge, in-18,
  2e édition.
Manuel des Congrégations de la sainte Vierge,
  in-32, 5e édition.
Cantiques des Congrégations de la sainte
  Vierge, in-32, 2e édition.
Année de Marie, in-12, 4e édition.
Mois de Marie, Reine de la France, in-18.
Neuvaine à N.-Dame de Lourdes, in-32, 6e édi-
  tion.
Saint Joseph, patron de l'Église, sa grandeur
  et son pouvoir, in-18, 2e éd.
Saint Joseph, modèle de la vie chrétienne, in-12

V. — PROPAGANDE

www.ingramcontent.com/pod-product-compliance
Lightning Source LLC
Chambersburg PA
CBHW061640060726
47597CB00005B/1983